Sandra Lachkhab

Poèmes de recueil

Sandra Lachkhab

Poèmes de recueil

Éditions Muse

Imprint

Cover image: www.ingimage.com

Publisher:
Éditions Muse
is a trademark of
Dodo Books Indian Ocean Ltd. and OmniScriptum S.R.L publishing group

120 High Road, East Finchley, London, N2 9ED, United Kingdom
Str. Armeneasca 28/1, office 1, Chisinau MD-2012, Republic of Moldova, Europe
Printed at: see last page
ISBN: 978-620-4-96532-1

Poème sur la vie

La vie est une aventure, un voyage mystérieux,
Un chemin rempli de hauts et de bas, de rires et de
pleurs,Une danse complexe, un puzzle sans fin,
Un océan sans limites, une quête pour trouver sa destinée.

Parfois la vie est facile, comme une brise légère,
Et parfois elle est difficile, comme une tempête de
mer,Mais peu importe ce que la vie nous apporte,
Nous devons continuer à avancer, à grandir et à apprendre.

La vie est remplie d'opportunités, de choix à faire,
Des moments de bonheur, des épreuves à
surmonter,Des rencontres inattendues, des adieux
déchirants,
Des moments de paix et des périodes de tourment.

Mais dans chaque instant de la vie, il y a quelque chose à
apprendre,Une leçon à retenir, une expérience à vivre,
Et nous grandissons et nous évoluons,
Chaque jour, chaque mois, chaque année qui passe.

Alors, prenons cette vie et vivons-la
pleinement,Avec amour, avec joie, avec
gratitude,
Apprécions chaque moment, chaque sourire, chaque
larme,Et embrassons chaque opportunité qui se présente.

Car la vie est un cadeau, un trésor à chérir,
Et nous devons la vivre avec passion, avec désir,

Afin de réaliser notre véritable
potentiel,Et de vivre une vie pleine et
belle.

Poèmes sur les confidences

Quand la nuit est tombée,
Que le silence s'est
installé,
Les confidences se font entendre,
Et les secrets se dévoilent sans cesse.

Dans ces moments intimes et
précieux,Les âmes se libèrent et
s'ouvrent,
Et les cœurs se rejoignent enfin,
Dans une communion d'amour et d'amitié.

Les confidences nous
rapprochent,Elles nous montrent
le chemin,
Pour nous aider à guérir,
Et à trouver la paix intérieure.

Alors, n'ayez jamais peur de vous
confier, De vous ouvrir à ceux qui vous
entourent, Car dans ces moments de
vulnérabilité,
Vous trouverez la force et le courage de vous élever.

Les confidences de l'âme
Les confidences de l'âme sont rares,
Elles ne se révèlent qu'à ceux qui
écoutent,Ceux qui sont prêts à entendre
la vérité,
Et à accepter les ténèbres et la lumière.

Les confidences de l'âme sont précieuses,
Elles nous montrent qui nous sommes
vraiment,Et nous aident à comprendre notre
destinée,

Et à trouver notre place dans ce monde.

Dans ces moments de
révélation,Nous sommes nus et
vulnérables,
Mais c'est là où nous trouvons la force,
Pour continuer notre voyage et notre quête.

Alors, écoutez les confidences de
l'âme, Et laissez-les vous guider vers
la vérité, Car c'est là où vous
trouverez la paix,
Et la sérénité dans votre cœur.

Les confidences
Les confidences sont comme des
fleurs, Qui poussent dans les jardins
de l'amitié,Elles s'ouvrent doucement,
lentement,
Pour révéler leur beauté et leur vérité.

Les confidences sont comme des
perles,Qui brillent dans l'obscurité de
la nuit,
Elles nous montrent le
chemin, Et nous guident vers
la lumière.

Dans ces moments de partage
intime, Nous nous connectons avec
nos amis, Et nous trouvons la force
et le courage,
Pour continuer notre voyage dans la vie.

Alors, n'ayez jamais peur de vous
confier,De partager vos secrets et vos
rêves,
Car dans ces moments de
vulnérabilité,Vous trouverez la force
et l'amitié

Poèmes sur l amitié

L'amitié est un lien, un fil d'or,
Qui unit les cœurs pour
toujours,Elle est un baume
pour l'âme,
Et un refuge dans les moments difficiles.

L'amitié est un sourire, une main
tendue,Un mot gentil, une oreille
attentive,
Elle nous donne la force et le
courage,Pour affronter les défis de
la vie.

Dans l'amitié, nous trouvons la
joie,La paix et la sérénité,
Nous partageons nos rêves et nos espoirs,
Et nous grandissons ensemble, main dans la main.

Alors, chérissez vos amis, vos compagnons de
route,Ecoutez-les, soutenez-les, aimez-les,
Et dans l'amitié, vous trouverez la véritable
richesse,Celle qui apporte la lumière dans les
ténèbres.

Les vrais amis
Les vrais amis sont rares et précieux,
Ils sont comme des diamants dans la
roche,Ils brillent de leur amour et de leur
bonté,
Et nous guident sur notre chemin de vie.

Les vrais amis sont des étoiles dans le
ciel,Ils illuminent notre vie de leur
présence,
Ils nous apportent la joie et la paix,
Et nous aident à surmonter toutes les épreuves.

Les vrais amis sont des anges sur
terre,Ils nous protègent et nous
guident,
Ils sont là pour nous, jour et
nuit,Et leur amour est éternel.

Alors, chérissez vos vrais amis,
Car ils sont des trésors à conserver,
Et dans leur amitié, vous trouverez la force,
Pour affronter tous les défis de la vie.

Poème d amour a une femme

Toi, la femme de ma vie,

Tu es la lumière qui éclaire mon
chemin,Le sourire qui illumine mes
journées,
Le cœur qui bat dans ma
poitrine,Et l'amour qui remplit
mon âme.

Tu es celle qui me donne la
force,D'affronter tous les défis
de la vie,
Celle qui m'apporte la paix et la sérénité,
Et qui m'inspire à être meilleur chaque jour.

Avec toi, je me sens
complet, Je me sens aimé et
compris, Et je sais que quoi
qu'il arrive, Tu seras
toujours là pour moi.

Tu es la femme la plus belle,
La plus douce et la plus
aimante,Et je suis honoré de te
dire,
Que je t'aime plus que tout au monde.

Alors, prends ma main et marche à mes
côtés,Car ensemble, nous irons loin,
Et notre amour brûlera toujours,
Aussi fort qu'une flamme dans l'obscurité.

Je t'aime, ma belle, ma tendre, ma
chère,Et rien ne pourra jamais changer
cela,
Car toi et moi, nous sommes
destinés,À être ensemble pour
l'éternité

Poème a un homme

A toi, mon cher et

tendre,Tu es l'homme

de ma vie,

Celui qui a su conquérir mon
cœur,Et m'offrir l'amour le plus
vrai,
Le plus profond et le plus sincère.

Tu es mon confident, mon ami,
Celui qui m'écoute et me comprend,
Celui qui partage mes rires et mes pleurs,
Et qui m'accompagne sur le chemin de la vie.

Avec toi, je me sens en
sécurité, Je me sens aimée et
respectée, Et je sais que quoi
qu'il advienne,Tu seras toujours
là pour moi.

Tu es l'homme le plus beau,
Le plus fort et le plus courageux,
Celui qui affronte les défis de la
vie,Avec une détermination sans
faille.

Je suis fière de toi, mon amour,
Et je suis honorée d'être à tes
côtés,Car tu es celui qui m'a
appris,
À aimer et à être aimée.

Alors, je te donne mon
cœur,Mon âme et ma vie

entière, Et je te promets de
t'aimer,
Et de te chérir pour

l'éternité. Je t'aime, mon

cher et tendre,

Et rien ne pourra jamais changer cela,
Car toi et moi, nous
sommes destinés,
À être ensemble pour toujours.

Poème pour une maman

Maman chérie,

Tu es le soleil qui brille dans ma
vie,La lumière qui guide mes pas,
Tu es celle qui m'a donné la vie,
Et qui m'a appris à grandir pas à pas.

Tu es mon ange gardien,
Celui qui veille sur moi nuit et
jour,Tu es mon confident, mon
ami,

Et mon soutien dans les moments les plus lourds.

Tu es la plus belle des fleurs,
Celle qui embaume mon
existence,Tu es une source de
bonheur,
Et de joie, une éternelle évidence.

Tu es ma force, mon courage,
Et ma boussole dans la tourmente,
Tu es celle qui m'a transmis tes
valeurs,Et qui m'a appris à être
indulgent.

Je suis fier de toi maman,
Et je te remercie pour tout ce que tu
fais,Tu as su me guider sur le bon
chemin,
Et m'apprendre à aimer sans condition.

Maman, je t'aime plus que tout,
Tu es la plus belle des mamans,
Et je suis honoré d'être ton
enfant,
Car tu es la plus grande des mamans.

Poème pour un père

Papa cher,

Tu es l'homme de ma vie,
Celui qui m'a appris à grandir,
Celui qui m'a guidé sur le chemin de la
vie,Et qui m'a appris à ne jamais faiblir.

Tu es mon héros, mon modèle,
Celui que j'admire et que
j'adore,Tu es mon ami, mon
confident,
Et mon protecteur contre tous les sorts.

Tu es la voix de la raison,
L'épaule sur laquelle je peux
m'appuyer,Tu es celui qui a su me
donner,
Le courage et la force de réaliser mes rêves.

Tu es le plus beau des
hommes,Le plus fort et le plus
courageux,
Tu es celui qui a su affronter les
épreuves,Avec une détermination sans
faille.

Je suis fier de toi, mon papa,
Et je suis honoré d'être ton
fils,
Car tu es celui qui m'a appris à
aimer,Et à être aimé pour ce que je
suis.

Alors, je te rends hommage aujourd'hui,Et je te dis combien je t'aime,
Car tu es le plus merveilleux des pères,Et pour toujours, mon héros tu resteras.

Poème de noel

Noël est arrivé, la fête de l'amour,
Le temps de se réunir avec ceux qu'on adore,
Les rues sont illuminées, les maisons
décorées,Et l'air est rempli de chants et de
gaieté.

Dans nos cœurs, une lumière
brille,Celle de l'espoir et de la
paix,
On oublie les soucis et les tracas,
Pour ne garder que les moments de joie et de grâce.

Au coin du feu, on se
rassemble, Autour d'un sapin
tout scintillant, On se sourit, on
se câline,
Et on se souhaite un joyeux temps des fêtes.

Les enfants sont excités, les yeux pleins d'étoiles,
Ils attendent avec impatience le passage du Père
Noël, Qui apportera des cadeaux, des jouets et des
friandises,Pour leur plus grand bonheur et leur plus
grand plaisir.

Noël est un temps de
partage,De solidarité et de
fraternité,
Où l'on ouvre nos cœurs et nos maisons,
Pour offrir un peu de chaleur et de tendresse à ceux qui en ont besoin.

Alors que les cloches sonnent et que les chants
résonnent,Je vous souhaite à tous un merveilleux Noël,
Que cette fête soit remplie de bonheur, d'amour et de
paix,Et que cette joie vous accompagne tout au long de
l'année.

Poème de pâque

Pâques est arrivé, la fête du renouveau,
Le temps de célébrer la vie et l'espoir
nouveau,Les cloches sonnent, les œufs
s'envolent,
Et l'on se rassemble pour chanter et rigoler.

Dans nos cœurs, une joie immense,
Celle de la renaissance et du
printemps,On oublie les soucis et les
tracas,
Pour ne garder que la beauté et la grâce.

Les enfants sont excités, les yeux pleins de joie,
Ils cherchent avec enthousiasme les œufs en
chocolat,Qui cachent derrière leur coquille sucrée,
Des surprises et des friandises pour leur plus grand plaisir.

Pâques est un temps de
partage,De solidarité et
d'amitié,
Où l'on ouvre nos cœurs et nos maisons,
Pour offrir un peu de bonheur et de tendresse à ceux qui en ont besoin.

Alors que les cloches sonnent et que les chants
résonnent,Je vous souhaite à tous un joyeux Pâques,
Que cette fête soit remplie de bonheur, d'amour et de
paix,Et que cette joie vous accompagne tout au long de
l'année.

Poème de dauphin

Dans l'océan vaste et profond, Je
suis le dauphin, roi des flots,Je
nage avec grâce et légèreté,Et je
suis libre comme le vent.

Je saute hors de l'eau, je fais des pirouettes,Je joue
avec les vagues et les courants,
Je suis un acrobate de l'océan,
Et j'exprime ma joie à chaque instant.

Je suis le gardien de mon royaume,
Je veille sur les poissons et les coraux,Je
suis un ami fidèle de la mer,
Et je lui offre ma présence et mon amour.

Je suis un dauphin, intelligent et curieux,
J'observe le monde avec émerveillement,Je
communique avec mes congénères, Et
j'apprends de chaque expérience.

Je suis un symbole de liberté et de grâce,Je
suis un être sensible et respectueux, Je suis le
dauphin, prince des mers,
Et j'incarne la beauté de la nature.

Alors si tu croises un jour mon chemin,Si tu
vois mon sourire et ma douceur,
N'hésite pas à m'approcher, à me caresser,Et à
partager un moment de bonheur.

Car je suis le dauphin, ami des hommes,Et je
suis là pour te rappeler,
Que la vie est belle, que l'amour est précieux,Et que
la mer est un trésor à préserver.

Poème chat

Je suis le chat, prince des
félins,Je suis le maître de la
nuit,
Je suis un mystère en
mouvement,Et j'incarne la grâce
et l'élégance.

Je suis un chasseur infatigable,
Je guette ma proie dans
l'ombre,Je bondis avec agilité,
Et je fais preuve d'une grande témérité.

Je suis un ami fidèle des
hommes,Je suis un animal de
compagnie, Je suis là pour te
réconforter,
Et pour te donner de la tendresse.

Je suis un symbole
d'indépendance,Je suis un être
libre et sauvage,
Je suis un chat, et je suis
heureux,De vivre ma vie sans
entraves.

Je suis un artiste de la sieste,
Je dors dans les endroits les plus
douillets,Je ronronne avec délectation,
Et j'offre mes caresses avec affection.

Je suis le chat, prince des
félins,Et j'offre au monde ma
beauté, Mon élégance, ma
douceur,
Et ma présence apaisante et rassurante.

Alors si un jour tu croises mon
chemin,Si tu vois ma silhouette
gracieuse,

N'hésite pas à m'approcher, à me caresser,Et à partager un moment de bonheur.

Car je suis le chat, ami des hommes,Et je suis là pour te rappeler,

Que le bonheur est dans les choses simples,
Et que la vie est belle quand on sait l'apprécier.

Poème chien

Je suis le chien, fidèle compagnon,
Je suis l'ami de l'homme depuis des
siècles,Je suis un animal loyal et dévoué,
Et j'incarne la tendresse et la fidélité.

Je suis un gardien vigilant,
Je protège ma famille avec ardeur,
Je suis prêt à tout pour leur
sécurité,
Et je ne demande en retour que de l'affection.

Je suis un explorateur infatigable,
Je parcours les contrées avec
entrain,Je découvre le monde avec
curiosité,
Et je partage mes aventures avec mon maître.

Je suis un symbole de l'amitié,
Je suis un être sensible et
affectueux,Je suis là pour te
réconforter,
Et pour te donner de la tendresse et de l'amour.

Je suis un artiste de la joie de
vivre,Je sautille avec allégresse,
Je remue la queue avec
enthousiasme,Et je t'offre mes câlins
avec tendresse.

Je suis le chien, fidèle
compagnon,Et j'offre au monde
ma loyauté,
Ma tendresse, ma douceur,
Et ma présence rassurante et réconfortante.

Alors si un jour tu croises mon chemin,
Si tu vois ma truffe humide et mes yeux
pétillants,N'hésite pas à m'approcher, à me
caresser,

Et à partager un moment de bonheur.

Car je suis le chien, ami de
l'homme,Et je suis là pour te
rappeler,
Que l'amour est une force puissante,
Et que la vie est belle quand on sait l'apprécier.

Poème oiseaux

Dans le ciel bleu et infini,
Je suis l'oiseau, roi des airs,
Je plane avec grâce et
légèreté,Et je suis libre
comme le vent.

Je vole de branche en
branche,Je chante avec
mélodie,
Je suis un symbole de liberté,
Et j'exprime ma joie à chaque instant.

Je suis le messager du
printemps,Je suis le porteur de
l'espoir,
Je suis le témoin du renouveau,
Et j'offre mon chant à chaque aurore.

Je suis un ami fidèle de la nature,
Je suis un gardien des écosystèmes,
Je suis là pour équilibrer les
écosystèmes,Et pour maintenir la beauté
des paysages.

Je suis un symbole de paix et de
sérénité,Je suis un être sensible et
délicat,
Je suis l'oiseau, roi des airs,
Et j'incarne la beauté de la nature.

Alors si tu croises un jour mon
chemin,Si tu entends mon chant et
mes trilles,N'hésite pas à t'arrêter, à
m'observer, Et à partager un moment
de bonheur.

Car je suis l'oiseau, ami de la
nature,Et je suis là pour te
rappeler,
Que la vie est belle, que la nature est
précieuse,Et que le monde est un trésor à
précieux.

Poème sur le coq

Le coq, fier et
majestueux, Est le roi de
la basse-cour, Il annonce
le lever du jour,
Et réveille le monde avec son chant vigoureux.

Il est le gardien de sa
poule, Et veille sur elle
avec amour, Il est l'âme de
la basse-cour,
Et son chant est un hymne à la vie et à la foule.

Il est le symbole de la
France,Et de la liberté qui
l'anime,
Il est le coq gaulois, fière emblème,
Et son chant est un cri de victoire et de confiance.

Il est un être au cœur vaillant,
Qui ne craint ni le vent ni le
temps,Il est le coq, roi de la
basse-cour,
Et son chant est un hymne à la vie et à l'amour.

Il est le symbole d'une nation,
Qui ne plie pas devant
l'adversité,Il est le coq, fier et
majestueux,
Et il inspire la fierté et l'unité.

Alors si tu entends son chant,
Si tu croises un jour son chemin,
N'hésite pas à t'arrêter, à l'observer,
Et à partager un moment de bonheur avec le coq, roi des matins.

Poème ane

L'âne, humble et résistant,
Est le compagnon des campagnes,
Il parcourt les chemins avec
aisance,Et se montre toujours
persévérant.

Il porte les fardeaux avec
patience,Il tracte la charrette
sans relâche,
Il est le serviteur de l'homme sans faille,
Et ne demande en retour que de l'indulgence.

Il est un symbole de sagesse et
d'humilité,Il est un être intelligent et
curieux,
Il est l'âne, compagnon des
campagnes,Et il incarne la simplicité
et la fidélité.

Il est le gardien des traditions,
Il est le témoin du temps qui passe,
Il est le compagnon des hommes et des
femmes,Et son regard est empli de
bienveillance.

Il est un ami fidèle de la nature,
Il est un protecteur des écosystèmes,
Il est là pour équilibrer les écosystèmes,
Et pour maintenir la beauté des paysages.

Alors si un jour tu croises son
chemin,Si tu vois sa silhouette
majestueuse, N'hésite pas à t'arrêter,
à le caresser,
Et à partager un moment de bonheur avec l'âne, compagnon de la campagne.

Car il est l'âne, ami de
l'homme,Et il est là pour te
rappeler,
Que la simplicité est une force puissante,
Et que la vie est belle quand on sait l'apprécier.

Poème lion

Le lion, roi de la savane,
Est un être majestueux et puissant,
Il règne sur son territoire avec
autorité, Et sa crinière brille sous le
soleil ardent.

Il est le gardien des siens,
Et protège sa famille avec bravoure,
Il est le symbole de la force et du courage,
Et sa prestance inspire l'admiration et l'amour.

Il est un prédateur redoutable,
Qui chasse avec agilité et
rapidité,Il est le lion, roi de la
savane,
Et son rugissement est un appel à la liberté.

Il est le gardien de l'équilibre,
Et maintient l'harmonie de la
nature,Il est le lion, roi de la
savane,
Et son regard est empli de sagesse et de pureté.

Il est un être au cœur vaillant,
Qui ne craint ni l'adversité ni la peur,
Il est le symbole de la fierté et de la
grandeur,Et son charisme inspire la force
et l'ardeur.

Alors si un jour tu croises son
chemin,Si tu vois sa silhouette
majestueuse, N'hésite pas à t'arrêter,
à l'observer,
Et à partager un moment de bonheur avec le lion, roi de la savane.

Car il est le lion, gardien de la
nature,Et il est là pour te rappeler,
Que la vie est précieuse, que la nature est
belle,Et que le monde est un trésor à protéger.

Poème sur l arbre

L'arbre, être majestueux et
puissant,Est le gardien de la
nature,
Il étend ses branches vers le ciel,
Et enracine son corps dans la terre.

Il est le symbole de la vie,
Et du cycle éternel qui la régit,
Il est l'arbre, gardien de la nature,
Et son souffle est un appel à la pureté.

Il est le refuge des oiseaux,
Leur abri contre le vent et le
froid,Il est le foyer des
animaux,
Et leur nourricier en toute saison.

Il est un être au cœur vaillant,
Qui résiste aux intempéries et aux
vents,Il est l'arbre, gardien de la
nature,
Et sa présence inspire la force et la sérénité.

Il est le témoin de
l'histoire, Et le gardien
des souvenirs,
Il est l'arbre, gardien de la nature,
Et son tronc porte les cicatrices du temps qui s'écoule.

Alors si un jour tu croises son
chemin,Si tu vois sa silhouette
majestueuse, N'hésite pas à t'arrêter,
à l'observer,
Et à partager un moment de bonheur avec l'arbre, gardien de la nature.

Car il est l'arbre, symbole de la
vie,Et il est là pour te rappeler,

Que la nature est belle, que la vie est précieuse,Et que le monde est un trésor à protéger.

Poème sur la nature

La nature, vaste et
magnifique,Est un trésor à
protéger,
Elle est source de vie et
d'équilibre,Et notre devoir est de
la respecter.

Elle est le berceau de la
vie,Et le refuge des
animaux,
Elle est la source de l'harmonie,
Et le symbole de notre écosystème.

Elle est la rivière qui coule,
Et la montagne qui se
dresse,Elle est le souffle du
vent,
Et le parfum des fleurs qui s'épanouissent.

Elle est un spectacle
grandiose,Qui émerveille et
qui inspire,
Elle est la nature, symbole de la vie,
Et son énergie est une source inépuisable.

Elle est un rappel de notre
fragilité,Et de notre nécessaire
humilité,
Elle est la nature, symbole de la vie,
Et son message est celui de la sagesse et de la beauté.

Alors si un jour tu croises son
chemin,Si tu vois sa silhouette
majestueuse, N'hésite pas à t'arrêter,
à l'observer,
Et à partager un moment de bonheur avec la nature, gardienne de la vie.

Car elle est la nature, symbole de
l'équilibre,Et elle est là pour te rappeler,

Que la vie est précieuse, que la nature est belle,Et que le monde est un trésor à protéger.

Poème mer

La mer, majestueuse et puissante,
Étend son horizon à perte de vue,
Elle est source de vie et de
voyage,
Et son énergie est un appel à l'aventure.

Elle est le berceau des créatures
marines,Leur abri dans les profondeurs,
Elle est la source de
l'harmonie,Et le symbole de
l'infini.

Elle est la vague qui se
brise,Et le sable qui s'étend,
Elle est le souffle du vent,
Et le chant des oiseaux qui planent.

Elle est un spectacle
grandiose,Qui émerveille et
qui inspire,
Elle est la mer, symbole de la vie,
Et son énergie est une source inépuisable.

Elle est un rappel de notre
humanité,Et de notre nécessaire
humilité,
Elle est la mer, symbole de l'équilibre,
Et son message est celui de la paix et de la beauté.

Alors si un jour tu croises son
chemin,Si tu vois son horizon
majestueux,
N'hésite pas à t'arrêter, à l'observer,
Et à partager un moment de bonheur avec la mer, gardienne de l'océan.

Car elle est la mer, symbole de la
vie,Et elle est là pour te rappeler,
Que la vie est précieuse, que la nature est
belle,Et que le monde est un trésor à protéger.

Poème amour

L'amour, doux et
mystérieux,Est un trésor à
découvrir,
Il est source de vie et de bonheur,
Et son énergie est un appel à la passion.

Il est le berceau de
l'âme,Le refuge du
cœur,
Il est la source de l'harmonie,
Et le symbole de notre équilibre.

Il est le baiser sur les
lèvres,Et le regard dans
les yeux, Il est le souffle
du vent,
Et le parfum des fleurs qui s'envolent.

Il est un spectacle
grandiose,Qui émerveille et
qui inspire,
Il est l'amour, symbole de la vie,
Et son énergie est une source inépuisable.

Il est un rappel de notre
humanité,Et de notre nécessaire
humilité,
Il est l'amour, symbole de l'équilibre,
Et son message est celui de la paix et de la beauté.

Alors si un jour tu croises son
chemin,Si tu vois ses yeux
étincelants,
N'hésite pas à t'arrêter, à l'observer,
Et à partager un moment de bonheur avec l'amour, gardien de nos cœurs.

Car il est l'amour, symbole de la
vie,Et il est là pour te rappeler,

Que la vie est précieuse, que l'amour est beau,Et que le monde est un trésor à protéger.

Poème sur la mort

La mort, sombre et
mystérieuse,Est un passage
inévitable,
Elle est la fin de la vie terrestre,
Et son énergie est un appel à la sérénité.

Elle est la dernière étape de
l'existence,Le voyage ultime vers
l'inconnu,
Elle est la source de
l'harmonie,Et le symbole de
notre destinée.

Elle est la nuit qui
tombe, Et le silence qui
s'installe, Elle est le
souffle du vent,
Et le parfum des fleurs qui se fanent.

Elle est un spectacle
grandiose,Qui émerveille et
qui inspire,
Elle est la mort, symbole de la vie,
Et son énergie nous rappelle notre fragilité.

Elle est un rappel de notre
humanité,Et de notre nécessaire
humilité,
Elle est la mort, symbole de l'équilibre,
Et son message est celui de la finitude et de la beauté.

Alors si un jour tu croises son
chemin,Si tu vois son ombre
s'approcher,
N'hésite pas à t'arrêter, à l'observer,
Et à partager un moment de paix avec la mort, gardienne de notre destinée.

Car elle est la mort, symbole de la
vie,Et elle est là pour te rappeler,
Que la vie est précieuse, que chaque instant compte,
Et que le monde est un trésor à savourer avant de partir.

Poème de rupture

Je t'écris ces mots, mon amour,
Pour t'annoncer la fin de notre parcours,
Notre relation est arrivée à sa fin,
Je dois partir, nous devons suivre des chemins différents.

Je pensais que nous étions faits l'un pour
l'autre,Que notre amour durerait toujours,
Mais les choses ont changé, nous avons évolué,
Et nos sentiments ne sont plus les mêmes qu'auparavant.

Je ne peux plus continuer à vivre dans cette
ambiguïté, A ressentir cette tristesse qui m'envahit à
chaque instant,Je préfère partir, rompre le lien qui
nous unissait,
Et ainsi nous permettre de continuer à avancer, chacun de notre côté.

Je garde en moi les souvenirs de nos moments
heureux,Nos rires, nos échanges, nos projets
ambitieux,
Mais je dois accepter que tout cela appartient au
passé,Et que notre avenir ne peut plus être ensemble
tracé.

Je te souhaite le meilleur pour la suite de ta vie,
Je te souhaite de trouver l'amour, la joie et
l'harmonie,Je te remercie pour tout ce que tu m'as
apporté,
Et je m'en vais maintenant, le cœur serré.

Adieu mon amour, adieu à tout ce que nous avons
partagé,Je t'embrasse une dernière fois, avant de m'en
aller,
Je ne t'oublierai jamais, tu resteras toujours dans mon cœur,
Mais il est temps pour nous de tourner la page, et de vivre chacun notre bonheur.

Poème de réconciliation

Mon ami(e), je viens à toi,

Pour te dire que je suis
désolé(e),Pour tout ce qui s'est
passé,

Pour toutes les erreurs que j'ai commises.

Je regrette nos disputes, nos colères,
Nos paroles blessantes, nos silences
amers,Je regrette d'avoir laissé le temps
s'écouler, Sans chercher à te parler, à te
réconforter.

Mais aujourd'hui, je suis là pour toi,
Pour te tendre la main, pour te dire que je suis
là,Je veux que nous tournions la page,
Et que nous retrouvions notre amitié, notre complicité.

Je suis prêt(e) à faire des efforts,
A être à l'écoute, à être plus fort(e),
Je suis prêt(e) à te redonner ma confiance,
Et à te prouver que notre amitié est une évidence.

Je sais que rien n'est facile, que les blessures ont laissé des
traces,Mais je suis convaincu(e) que nous pouvons retrouver
notre place, Que nous pouvons repartir sur des bases saines,
Et retrouver cette amitié que nous avons perdue en chemin.

Alors, mon ami(e), je te tends la main,
Je te propose de repartir sur un chemin plein de
câlins,Je te propose de tout recommencer,
Et de retrouver notre amitié si précieuse, si aimée.

Je t'aime mon ami(e), je te le dis avec sincérité,
Et j'espère que nous pourrons retrouver notre
complicité,Je suis là pour toi, et je le serai toujours,
Mon ami(e), je te tends la main, pour une réconciliation en ce jour.

Poème voyou

Je suis le voyou des rues,
Le dur à cuire, le rebelle sans
peur,Je suis celui qui défie les
lois,
Et qui vit sa vie sans foi ni loi.

Je n'ai pas peur de prendre des risques,

De me battre, de faire des
frasques,Je suis un électron libre,
un solitaire,
Un marginal qui n'a rien à faire de vos affaires.

Je suis le voyou des quartiers,
Le bad boy, l'insoumis en
liberté,
Je trace mon chemin sans regrets,
Et je laisse derrière moi les commérages.

Je ne me soucis pas du regard des autres,
Je suis fier de mes cicatrices, de mes
fautes,Je suis le voyou qui n'a pas peur de
la mort,
Et qui vit chaque instant comme s'il était le dernier.

Mes mots sont crus, mes gestes sont bruts,
Je suis le voyou qui ne se laisse pas
corrompre,Je suis un homme sans peur et
sans reproches,
Et je défends mes idées avec une force sans équivoques.

Je suis le voyou des cités,
Le mal aimé, le mal
compris,
Je suis celui qui ne se laisse pas faire,
Et qui trace son chemin sans se laisser abattre.

Je suis le voyou, le rebelle,

Et je suis fier de mes cicatrices, de mes marques indélébiles,Je suis celui qui n'a pas peur de la vie,
Et qui se bat pour ses idéaux, jusqu'au bout de la nuit.

Poème voleurs

Ils sont les voleurs de nos
rêves,Les pilleurs de nos
espoirs,
Ils nous ont pris nos vies,
Et ils nous ont laissés dans le noir.

Ils ont volé nos
sourires,Nos joies, nos
bonheurs,
Ils ont pris tout ce qui nous faisait vivre,

Et nous ont laissés sans couleurs.

Ils ont pillé nos
maisons, Nos biens, nos
souvenirs,
Ils ont tout emporté sans
raison,Et nous ont laissés dans
le pire.

Ils ont volé notre liberté,
Notre paix, notre
sécurité,Ils ont semé la
terreur,
Et nous ont laissés dans la peur.

Ils sont les voleurs de nos
vies,Les destructeurs de nos
âmes,
Ils nous ont pris tout ce qui nous faisait
briller,Et nous ont laissés dans la flamme.

Mais nous ne nous laisserons pas
abattre,Nous relèverons la tête,
Nous retrouverons nos sourires,
Et nous reprendrons nos vies en fête.

Car nous sommes plus forts
qu'eux,Nous avons la force de
l'amour,
Nous reconstruirons nos vies,
Et nous leur montrerons notre bravoure.

Ils sont les voleurs de nos rêves,
Mais nous sommes les maîtres de notre
destinée,Nous retrouverons notre paix,
Et nous vivrons notre vie avec fierté.

Poème danger

Danger, danger, criait la mer,
En déchaînant ses vagues colériques,

Danger, danger, hurlait le
vent, En soufflant sa fureur
chaotique.

La nature se déchaînait,
Et nous étions là,
impuissants,Face à la force
de la tempête,
Nous étions de simples passants.

Le danger était partout,
Et nous avancions avec prudence,
Nous écoutions les cris de la
nature,
Et nous suivions notre instinct de survie avec diligence.

Mais le danger n'est pas toujours visible,
Il peut se cacher dans les ombres de la
vie, Il peut se tapir dans les coins de la
société,Et nous surprendre sans préavis.

Lc danger peut prendre de multiples
formes,La violence, la haine, la maladie,
Il peut nous frapper à tout moment,
Et nous plonger dans l'obscurité infinie.

Mais nous ne devons pas avoir
peur, Nous devons rester forts et
résilients, Nous devons faire face
au danger,
Et l'affronter avec détermination.

Car dans l'obscurité, il y a toujours de la
lumière,Dans la douleur, il y a toujours de
l'espoir,
Nous ne sommes pas seuls face au danger,
Nous avons le pouvoir de le vaincre, de le voir mourir.

Poème gourmand

Je suis un gourmand, un vrai de
vrai,Je ne peux pas résister à la
tentation,
Je suis attiré par les odeurs alléchantes,

Et je ne pense qu'à la dégustation.

Je suis un amoureux de la nourriture,
Je savoure chaque bouchée avec passion,
Je laisse exploser les saveurs dans ma
bouche,Et je me régale sans modération.

Je suis un explorateur culinaire,
Je teste de nouvelles recettes chaque
jour,Je mélange les épices et les
ingrédients,
Et je crée des plats dignes d'amour.

Je suis un gourmand, un poète de la cuisine,
Je célèbre chaque plat comme une œuvre d'art,
Je suis émerveillé par les couleurs et les
textures,Et je savoure chaque instant sans
retard.

Je suis un gourmand, un épicurien de la
vie,Je crois que le bonheur passe par le
palais,
Je ne me prive jamais de mes plaisirs
gourmands,Et je vis heureux sans jamais de
regrets.

Mais attention, être gourmand ne veut pas dire être
glouton,Je mange avec modération et je respecte mon
corps,
Je ne suis pas esclave de mes envies,
Et je vis équilibré avec la nourriture comme support.

Je suis un gourmand, un amoureux de la vie,

Et je célèbre chaque repas comme un moment de bonheur,Je partage mes plaisirs culinaires avec mes proches,
Et je vis en harmonie avec mon cœur.

Poème sur la prison

Entre ces murs de béton
froid,Je suis enfermé,
prisonnier,
Les barreaux de fer, tels des
doigts,Me tiennent à jamais
captif.

Je suis seul dans cette
cellule, Avec pour unique
compagnon, Le silence et
l'obscurité,
Dans un monde sans horizon.

Les jours passent, se
ressemblent,Je ne sais plus
quelle heure il est, Mon esprit
est enchaîné,
Et mon âme est en détresse.

Je pense à ma vie d'avant,
À mes proches, à mes
amis,
Je me demande où est le
temps,Où j'étais libre et
heureux ici.

Je rêve d'un avenir meilleur,
D'un monde où je pourrais
m'épanouir,Mais ici, tout n'est que
douleur,
Et je ne peux que languir.

Je suis prisonnier de mes
erreurs,De mes choix et de mes
actes,
Je paie le prix de mes
malheurs,Et je vis dans cette
impasse.

Mais je ne perds pas espoir,
Je continue à croire en
demain,Car même si je suis
en noir,
La vie reprendra son chemin.

Un jour, je sortirai de cette
cellule,Je retrouverai la liberté,
Et je pourrai enfin dire,
Que j'ai surmonté cette épreuve de la vie.

Poème sur l armée

Ils sont des soldats, des héros
méconnus, Qui ont choisi de se battre
pour leur pays, Ils portent fièrement
leur uniforme,
Et défendent les valeurs avec courage et dévouement.

Ils ont choisi de servir leur
patrie, De protéger les gens
qu'ils aiment,Ils sont prêts à tout
donner,
Même leur vie, pour leur mission.

Ils s'entraînent dur, jour après
jour,Pour être prêts à tout
moment,
À affronter les ennemis de la
nation, Et à défendre la liberté
sans relâche.

Ils sont les gardiens de la
paix,Les protecteurs des
innocents,
Ils risquent tout pour nous protéger,
Et pour que la paix règne dans le monde entier.

Ils sont des braves, des guerriers,
Qui luttent pour l'honneur et la
fierté,Ils sont les fiertés de leur
pays,
Et leur sacrifice ne sera jamais oublié.

Ils sont l'armée, les forces
armées, Qui font face aux défis
de la guerre,Ils sont prêts à tout
donner,
Pour défendre leur pays jusqu'à la mort.

Nous leur devons notre respect,
Notre gratitude et notre admiration,
Car ils sont les défenseurs de la
liberté,Les héros de la nation.

Poème sur les animaux

Dans les bois, sur les plaines,

Dans les mers, sur les montagnes,Les animaux vivent en harmonie, Dans un monde où tout est infini.

Le lion est le roi de la savane,Le tigre règne dans la jungle, Le loup hurle sous la lune,
Et l'ours se promène dans la forêt.

Les oiseaux volent dans le ciel,
Les poissons nagent dans les rivières, Les serpents rampent dans les herbes,Et les insectes bourdonnent au soleil.

Les animaux sont les gardiens de la nature,Ils sont les maîtres de leur environnement, Ils vivent en équilibre avec la terre,
Et ils respectent leur habitat avec engagement.

Les animaux sont nos amis, Ils nous apportent de la joie, Ils sont fidèles et affectueux, Et leur amour est sans égal.

Mais parfois, nous les maltraitons,Nous détruisons leur habitat,
Nous les chassons pour notre plaisir,
Et nous oublions leur importance dans notre vie.

Il est temps de réveiller notre
conscience,De protéger les animaux de
tout âge,
De respecter leur existence,
Et de les aimer comme une partie de notre paysage.

Les animaux sont des êtres vivants,
Qui méritent notre respect et notre amour,
Ils sont les gardiens de notre environnement,
Et ils nous offrent un monde de beauté pour toujours.

Poème sur la tristesse

La tristesse est comme une
ombre,Qui suit nos pas sans
relâche,
Elle envahit notre âme,
Et nous plonge dans la détresse.

Elle est le poids qui écrase notre
cœur, La douleur qui nous ronge de
l'intérieur, Elle nous laisse seuls et
perdus,
Dans un monde où tout est confus.

Elle est la larme qui coule sur nos
joues,Le silence qui enveloppe nos
pensées, Elle est la brume qui cache
nos yeux,
Et nous empêche de voir la beauté.

La tristesse est un fardeau difficile à
porter,Elle nous rend vulnérables et
fragiles,
Elle nous rappelle nos échecs
passés,Et nous empêche de croire en
l'avenir.

Mais la tristesse peut être
guérie,Par l'amour, l'espoir et
l'amitié,
Elle peut être surmontée avec
courage,Et nous rendre plus forts
pour l'avenir.

Alors, ne laissez pas la tristesse vous
vaincre,N'abandonnez pas vos rêves et vos
espoirs, Car la vie est pleine de surprises,
Et chaque jour est une nouvelle chance de renaître.

Poème sur la gaité

La gaieté est comme un rayon de
soleil, Qui illumine notre cœur de
bonheur,
Elle nous remplit de joie et de bien-être,

Et nous invite à danser dans la douceur.

Elle est la musique qui fait battre nos
pieds,Le rire qui éclate de nos lèvres,
Elle est la couleur qui éclate sous nos yeux,
Et nous donne des ailes pour vivre autrement.

La gaieté est l'énergie qui nous anime,
Elle nous donne la force de tout
surmonter,Elle nous rappelle que la vie
est belle,
Et que chaque instant peut être une chance de s'envoler.

Elle est la fleur qui s'épanouit dans le
jardin,La chaleur qui réchauffe nos
cœurs,
Elle est la brise qui caresse notre peau,
Et nous transporte dans un monde de bonheur.

La gaieté est un cadeau précieux,
Qui nous invite à vivre
pleinement,
Elle nous rend plus forts et plus
heureux,Et nous offre un avenir plus
brillant.

Alors, laissez la gaieté entrer dans votre vie,
Ouvrez votre cœur à la joie et à l'enthousiasme,
Car chaque jour est une occasion d'être heureux,
Et de découvrir toutes les merveilles que la vie nous offre.

Poème sur l aviation

Dans le ciel, les avions
volent,Tels des oiseaux
majestueux,Ils traversent les
nuages,
Et offrent un spectacle merveilleux.

Le bruit des moteurs
résonne,Dans le silence du
firmament,
Les ailes battent l'air avec
grâce,Et nous emportent loin
du temps.

L'aviation est un art,
Qui a conquis les
airs,
Elle a changé notre monde,
Et nous a offert un nouvel horizon.

Elle nous a permis de voyager,
De découvrir de nouveaux
horizons,De relier les continents,
Et de rapprocher les nations.

Elle est le symbole de la liberté,
Une aventure à travers les cieux,
Elle nous rappelle que tout est
possible,Et que l'on peut aller où l'on
veut.

Dans le cockpit, le pilote dirige,
Et guide son appareil avec
habileté,Il est le maître de la
machine,
Et nous emmène vers la destinée.

L'aviation est un rêve,

Qui nous élève vers les étoiles,
Elle nous transporte dans un autre monde,Et nous offre un horizon sans voile.

Alors, levons les yeux vers le ciel,Et admirons les avions qui volent,
Car ils sont le symbole de notre liberté, Et nous rappellent que tout est possible.

Poèmes sur le soleil

Le soleil, astre flamboyant,
Illumine le monde de sa
lumière,Il réchauffe les cœurs,
les corps,Et offre une douceur
éphémère.

Dans le ciel, il brille de mille
feux,Offrant un spectacle
grandiose,
Il éclaire les jours les plus sombres,
Et nous rappelle que tout est possible.

Ô soleil, astre divin,
Tu es le symbole de la
vie, Tu éveilles en nous
l'espoir,
Et nous offres une énergie infinie.

Le soleil se lève sur l'horizon,
Et colore le ciel de ses teintes dorées,
Il annonce un nouveau jour qui
commence,Et nous offre un avenir
enchanteur.

Il réchauffe les champs et les
forêts,Fait éclore les fleurs et les
fruits,
Il est le complice de la nature,
Et nous offre un monde merveilleux.

Le soleil est le gardien du
temps, Il rythme les saisons et
les jours, Il est le symbole de la
vie,
Et nous offre une énergie sans fin.

Le soleil est un ami fidèle,

Qui nous accompagne tout au long de la vie,Il est le témoin de nos joies et nos peines,
Et nous offre une lumière infinie.

Il est le symbole de la force,
De la puissance et de l'espoir,
Il est le guide de notre destinée,
Et nous offre un futur plein de gloire.

Le soleil, astre majestueux,Qui brille de son éclat divin,
Il est le symbole de notre liberté,
Et nous rappelle que tout est possible.

Poèmes sur les gendarmes

Ils sont les gardiens de la paix,
Les défenseurs de notre
sécurité,
Les gendarmes, hommes et
femmes,Qui veillent sur notre
société.

Ils sont là pour nous
protéger,Pour garantir notre
liberté,
Ils sont prêts à risquer leur vie,
Pour nous offrir une société en paix.

Ils sont les héros de notre quotidien,
Qui agissent dans l'ombre et le
silence,Ils sont les garants de notre
sécurité,
Et les protecteurs de notre existence.

Les gendarmes sont des hommes et des
femmes,Qui ont choisi de servir leur pays,
Ils ont fait le serment de protéger,
Et de défendre la loi en toutes circonstances.

Ils sont la force de l'ordre,
Qui veille sur notre
sécurité,
Ils sont toujours prêts à
intervenir,Pour protéger nos
libertés.

Ils sont les gardiens de notre
paix,Les garants de notre
liberté,
Ils nous rappellent que la sécurité,
Est l'affaire de tous, et non pas seulement la leur.

Les gendarmes sont des héros,

Qui risquent leur vie pour notre sécurité, Ils sont les protecteurs de notre société, Et les garants de notre liberté.

Leur uniforme est un symbole,
De leur engagement et de leur
dévouement,Ils sont des modèles de
courage,
Et des exemples d'abnégation.

Les gendarmes sont des hommes et des
femmes,Qui ont choisi de servir leur pays,
Ils sont les garants de notre
sécurité,Et les protecteurs de notre
vie.

Alors, saluons leur courage et leur
dévouement,Et rappelons-nous que notre
sécurité,
Est l'affaire de tous, et que chacun de nous,
Doit être un gendarme dans l'âme et dans le cœur.

Poèmes sur les pompiers

Ils sont les héros de notre
quotidien,Les pompiers, hommes
et femmes,
Qui risquent leur vie pour sauver la
nôtre,Et qui défendent notre sécurité.

Ils sont les gardiens de notre
vie, Les protecteurs de notre
sécurité, Ils ont choisi de servir
leur pays,
Et de risquer leur vie pour nous sauver.

Ils sont les anges gardiens de notre
société,Qui agissent dans l'ombre et le
silence,
Ils sont les garants de notre
sécurité,Et les protecteurs de notre
existence.

Les pompiers sont des
héros,Qui bravent tous les
dangers,
Ils sont les gardiens de notre
vie, Et les défenseurs de notre
liberté.

Leur uniforme est un symbole,
De leur engagement et de leur courage,

Ils sont des modèles
d'abnégation,Et des exemples de
dévouement.

Les pompiers sont des hommes et des
femmes,Qui ont choisi de servir leur pays,
Ils sont les garants de notre
sécurité,Et les protecteurs de notre
vie.

Alors, saluons leur courage et leur dévouement,Et rappelons-nous que notre sécurité,
Est l'affaire de tous, et que chacun de nous,
Doit être un pompier dans l'âme et dans le cœur.

Les pompiers sont des anges gardiens,Qui veillent sur notre sécurité,
Ils sont toujours prêts à intervenir,Pour sauver des vies en danger.

Leur mission est noble et courageuse,Ils risquent leur vie pour nous sauver, Ils sont les héros de notre quotidien, Et les garants de notre liberté.

Les pompiers sont des hommes et des femmes,Qui ont choisi de servir leur pays,
Ils sont les garants de notre sécurité,Et les protecteurs de notre vie.

Alors, saluons leur courage et leur dévouement,Et rappelons-nous que notre sécurité,
Est l'affaire de tous, et que chacun de nous,
Doit être un pompier dans l'âme et dans le cœur.

Poème sur les médecins

Ils sont les gardiens de notre
santé, Les médecins, hommes et
femmes, Qui consacrent leur vie à
soigner,
Et à soulager nos souffrances.

Ils sont là pour nous
accompagner, Dans les moments
les plus difficiles,Ils nous offrent
leur savoir-faire,
Et leur dévouement inestimable.

Ils sont les héros de notre quotidien,
Qui agissent dans l'ombre et le
silence,Ils sont les garants de notre
santé,
Et les protecteurs de notre existence.

Les médecins sont des anges
gardiens,Qui veillent sur notre santé,
Ils ont choisi de servir leur pays,
Et de soigner les malades en difficulté.

Leur uniforme est un symbole,
De leur engagement et de leur
dévouement,Ils sont des modèles de
compassion,
Et des exemples d'humanité.

Les médecins sont des hommes et des
femmes,Qui ont choisi de donner leur vie,
Ils sont les garants de notre
santé,Et les protecteurs de notre
survie.

Alors, saluons leur courage et leur
dévouement,Et rappelons-nous que notre
santé,

Est l'affaire de tous, et que chacun de nous,
Doit être un médecin dans l'âme et dans le cœur.

Les médecins sont des héros du
quotidien,Qui consacrent leur vie à notre
bien-être, Ils sont les gardiens de notre
santé,
Et leur dévouement est sans limite.

Ils font face aux maladies les plus
terribles,Et ne reculent devant aucun
danger,
Ils sont les garants de notre
survie,Et les protecteurs de notre
futur.

Les médecins sont des hommes et des
femmes,Qui ont choisi de servir l'humanité,
Ils sont les garants de notre
santé,Et les protecteurs de notre
dignité.

Alors, saluons leur courage et leur
dévouement,Et rappelons-nous que notre
santé,
Est l'affaire de tous, et que chacun de nous,
Doit être un médecin dans l'âme et dans le cœur.

Poème sur les femmes de menages

Elles sont les gardiennes de la propreté,
Les femmes de ménage, travailleuses
acharnées,Qui nettoient et astiquent chaque
recoin,
Pour offrir un environnement sain.

Elles sont là pour nous aider,
À maintenir un espace de vie propre,
Elles sont prêtes à donner de leur
temps, Pour rendre notre quotidien plus
agréable.

Elles sont les héros de l'ombre,
Qui agissent sans relâche et sans bruit,
Elles sont les garantes de notre bien-
être,Et les protectrices de notre santé.

Les femmes de ménage sont des
anges,Qui veillent sur la propreté de
notre vie,
Elles ont choisi de servir leur
communauté,Et de rendre nos espaces
de vie plus jolis.

Leur uniforme est un symbole,
De leur engagement et de leur
dévouement,Elles sont des modèles
d'organisation,
Et des exemples de persévérance.

Les femmes de ménage sont des travailleuses,

Qui ont choisi de donner le meilleur d'elles-
mêmes,Elles sont les garantes de notre hygiène,
Et les protectrices de notre environnement.

Alors, saluons leur courage et leur
dévouement, Et rappelons-nous que leur

travail est essentiel, Car sans elles, notre vie
serait plus difficile,
Et notre environnement moins accueillant.

Les femmes de ménage sont des
héroïnes,Qui travaillent dur pour notre
bien-être,
Elles sont les gardiennes de notre
propreté,Et leur travail est indispensable.

Elles font face à la saleté la plus
tenace,Et ne reculent devant aucun
défi,
Elles sont les garantes de notre
confort,Et les protectrices de notre
tranquillité.

Les femmes de ménage sont des travailleuses
discrètes,Qui ont choisi de servir leur communauté,
Elles sont les garantes de notre
propreté,Et les protectrices de notre
santé.

Alors, saluons leur courage et leur
dévouement,Et rappelons-nous que leur
travail est précieux, Car sans elles, notre vie
serait moins agréable, Et notre
environnement moins accueillant.

Poèmes sur la sagesse

La sagesse est une lumière,
Qui éclaire le chemin de notre
vie,Elle nous guide vers la
vérité,
Et nous montre le chemin de la paix.

La sagesse est une voix
intérieure,Qui nous parle dans le
silence,

Elle nous invite à la réflexion,
Et nous aide à trouver notre chemin.

La sagesse est une source d'inspiration,
Qui nous ouvre les portes de la
connaissance,Elle nous enseigne la
patience,
Et nous apprend à voir au-delà des apparences.

La sagesse est un trésor,
Que l'on peut chercher toute notre
vie, Elle nous apprend à vivre en
harmonie,
Et à accepter les défis que la vie nous offre.

La sagesse est un guide,
Qui nous accompagne sur le chemin de la
vie,Elle nous apprend à avoir confiance en
nous, Et à prendre des décisions avec
sagesse.

La sagesse est un cadeau précieux,
Que nous pouvons offrir à tous ceux que nous
aimons,Elle nous apprend à être bienveillants,
Et à vivre en paix avec les autres.

La sagesse est un joyau,
Que l'on peut découvrir en nous-
mêmes, Elle nous apprend à écouter

notre cœur, Et à suivre notre propre
voie.

La sagesse est un art de vivre,
Qui nous apprend à être
heureux,
Elle nous apprend à vivre avec
simplicité, Et à apprécier les petites
choses de la vie.

La sagesse est un chemin,
Que l'on peut suivre tout au long de notre vie,
Elle nous apprend à être en paix avec nous-
mêmes,Et à trouver le bonheur dans notre cœur.

Poème sur le mensonge

Le mensonge est un poison qui se
propage,Et qui corrompt notre âme au fil
du temps,
Il nous éloigne de la vérité et du sage,
Et nous entraîne dans un tourbillon de tourments.

Le mensonge est une toile tissée de
mensonges,Qui nous enserre et nous étouffe
petit à petit,
Il nous fait perdre le sens de la raison,
Et nous fait sombrer dans l'obscurité de la nuit.

Le mensonge est un miroir qui nous ment,
Et qui nous montre une image faussée de nous-
mêmes,Il nous éloigne de notre véritable potentiel,
Et nous empêche d'atteindre nos rêves les plus extrêmes.

Le mensonge est un poison qui se
répand,Et qui infecte notre âme et notre
esprit,
Il nous éloigne de la paix et de la sérénité,
Et nous entraîne dans un cycle de souffrance et de pitié.

Alors, prenons garde au mensonge qui nous
guette,Et gardons-nous de ses pièges perfides,
Restons fidèles à la vérité et à l'honnêteté,
Et préservons notre âme de la corruption et des vices.

Poème sur l argent

L'argent est un ami fidèle,
Qui nous accompagne tout au long de notre vie,
Il nous permet de réaliser nos rêves les plus
beaux,Et de vivre dans le confort et l'harmonie.

L'argent est une source de pouvoir,
Qui nous donne la force de changer les
choses,Il nous permet de réaliser nos
ambitions,
Et de défendre nos idéaux avec force et courage.

Mais l'argent peut aussi être un ennemi
redoutable,Qui nous éloigne de la vérité et de la
sagesse,
Il nous éloigne de nos proches et de nos
amis,Et nous plonge dans une profonde
tristesse.

L'argent peut nous aveugler et nous
corrompre,Et nous faire perdre le sens de la
mesure,
Il peut nous rendre égoïstes et arrogants,
Et nous faire oublier notre dignité et notre nature.

Alors, gardons-nous de l'argent qui nous
guette,Et ne laissons pas notre âme se
corrompre,
Restons fidèles à nos valeurs et à notre cœur,
Et préservons notre âme de la cupidité et des vices.

Poème sur la terre

La terre est notre berceau, notre demeure,Elle
nous accueille depuis des millénaires,
Elle nous offre ses fruits, ses fleurs, ses couleurs,Et
nous invite à découvrir ses mystères.

La terre est notre mère, notre nourrice,
Elle nous donne la vie et la fécondité,
Elle nous prodigue ses bienfaits et sa richesse,Et
nous enseigne la gratitude et la générosité.

La terre est notre amie, notre complice,
Elle nous émerveille avec ses paysages et ses beautés,Elle
nous inspire avec ses secrets et ses délices,
Et nous guide sur le chemin de l'éternité.

Mais la terre est aussi fragile et vulnérable,
Elle subit les assauts de notre ignorance et de notre cupidité,Elle
souffre des pollutions et des dégradations,

Et nous appelle à la responsabilité et à la solidarité.

Alors, aimons la terre qui nous accueille,
Et protégeons-la avec respect et dévotion,
Soyons les gardiens de sa beauté et de sa merveille,Et
cultivons l'amour et la paix dans nos actions.

Poème sur la jalousie

La jalousie est un poison qui nous ronge,
Elle nous envahit d'un sentiment noir et amer,
Elle nous pousse à voir le mal partout où l'on plonge,Et
nous prive de l'amitié et de la lumière.

La jalousie est un mur qui nous sépare,
Elle nous isole dans notre propre enfer,
Elle nous éloigne de ceux que l'on voudrait voir,Et
nous fait sombrer dans la peur et la colère.

La jalousie est une souffrance qui nous torture,Elle
nous fait douter de nous et des autres,
Elle nous empêche d'aimer et de vivre l'aventure, Et
nous enferme dans notre propre abîme sombre.

Mais la jalousie peut aussi être vaincue,
Par la force de notre amour et de notre confiance,
Elle peut être transformée en une force de vie,
Et nous permettre de retrouver notre liberté et notre sagesse.

Alors, prenons garde à la jalousie qui nous guette,
Et gardons-nous de ses pièges et de ses illusions,
Restons fidèles à notre cœur et à notre honnêteté,
Et préservons notre âme de la jalousie et de la destruction.

Poème sur la fidélité

La fidélité est une vertu rare et précieuse,
Elle nous unit à l'autre dans l'amour et la confiance,
Elle nous permet de construire une relation heureuse,Et
de vivre ensemble une vie pleine de sens.

La fidélité est un lien qui nous relie,
Elle nous fait sentir que nous sommes importants,
Elle nous donne la force de surmonter les défis,
Et nous donne la certitude que nous sommes aimants.

La fidélité est une promesse que l'on fait,
De rester attaché à l'autre dans le temps et l'espace, De
partager les joies et les peines de chaque journée,Et de
vivre ensemble une vie pleine de grâce.

Mais la fidélité est aussi un engagement,
Qui demande de la patience et de la persévérance,Qui
demande de la compréhension et de l'attention,
Et qui nous appelle à la générosité et à la bienveillance.

Alors, cultivons la fidélité qui nous lie,
Et respectons l'autre dans sa singularité,
Soyons les gardiens de notre amour et de notre vie,Et
vivons ensemble une vie pleine de complicité.

Poème jalousie

Je suis la jalousie, je suis un poison,
Je m'insinue en toi et je te fais perdre raison,Je
te fais douter de tout, même de toi,
Et je t'éloigne de ceux qui sont là pour toi.

Je suis la jalousie, je suis un démon,
Je te fais voir le mal partout, même dans les bons,Je
te fais croire que tu n'es pas aimé,
Et je te pousse à tout faire pour te venger.

Je suis la jalousie, l'ennemie de l'amour,
Je détruis les cœurs et je brise les jours,
Je ne laisse que tristesse et désespoir,
Et je te prive de tout ce qui est beau et pur.

Mais pourtant, je suis la jalousie,
Et je suis là pour te protéger,
Je suis là pour te montrer ce qui est vrai,
Et pour te permettre de mieux t'aimer.

Car si tu sais me dompter, me comprendre,Je
deviendrai une alliée pour toi,
Je te montrerai comment mieux aimer,
Et comment te protéger de ceux qui ne sont pas vrais.

Alors, ne me laisse pas te détruire,
Prends ma main et apprends à me connaître,Je te
montrerai comment mieux t'aimer,
Et comment vivre une vie remplie de bien-être.

Poème hypocrite

Je suis l'hypocrisie, je suis un masque, Je
me cache derrière un sourire qui trahit,
Je te fais croire que tout va bien, que tout est beau,Mais
en réalité, je te mens comme un voleur.

Je suis l'hypocrisie, je suis un menteur,Je
te fais croire que je suis ton ami,

Mais en réalité, je ne suis qu'un traître,
Qui te poignarde dans le dos dès que tu as le dos tourné.

Je suis l'hypocrisie, je suis un caméléon,
Je change de couleur en fonction de mes intérêts,Je
suis le vent qui tourne au gré du temps,
Et qui ne se soucie que de ses propres avantages.

Mais pourtant, je suis l'hypocrisie,
Et je peux être un atout pour toi,
Je peux te montrer comment mieux te protéger,
Et comment ne pas te faire avoir par ceux qui ne sont pas vrais.

Car si tu sais me comprendre, me dompter,
Tu pourras utiliser mes pouvoirs pour mieux t'aimer,
Tu sauras comment te protéger des traîtres,
Et comment ne pas tomber dans leurs pièges funestes.

Alors, ne me laisse pas te détruire,
Prends ma main et apprends à me connaître,Je te
montrerai comment mieux t'aimer,
Et comment vivre une vie remplie de bien-être.

Poeme Premier mai

Le premier mai est arrivé,
Et avec lui, un air de fête,
Des clochettes ont sonné,
Pour célébrer l'arrivée de l'été.

Dans les champs et les jardins,
Les fleurs ont éclos en masse,
Et leurs couleurs chatoyantes,
Ont illuminé le monde de bonheur.

Le premier mai, c'est le temps de l'espoir,

De la joie et de la fraternité,
C'est le moment de se réjouir,
Et de se souhaiter le meilleur pour l'année à venir.

Alors, prenons le temps de nous arrêter,
Et de savourer ce moment de paix,
Sourions, dansons, chantons,
Et laissons nos cœurs s'envoler vers les étoiles.

Le premier mai est là pour nous rappeler,
Que la vie est belle malgré les épreuves, Et
que chaque jour est un cadeau à chérir,Et à
partager avec ceux que l'on aime.

Alors, que ce premier mai soit pour toi,
Un jour de bonheur et de paix,
Que chaque instant soit empli de joie,
Et que la vie te sourie enfin pour l'éternité.

Poème mariage

Le jour est enfin arrivé,
Où nos cœurs vont se lier,
Où nos âmes vont s'unir,
Pour ne former qu'un et ne plus jamais partir.

Le mariage est un jour de fête,
Où tout est beau et tout est parfait,Où
l'on s'unit pour la vie,
Et où l'on se promet amour et fidélité.

Dans nos yeux brille l'éternité,
Dans nos sourires rayonne la joie,
Et dans nos cœurs flambe la passion,Qui
nous unit pour l'éternité.

Le mariage est un serment d'amour,
Où l'on se donne sans retenue,
Où l'on s'engage à tout partager,
Et à tout affronter, main dans la main.

Dans nos cœurs résonnent les vœux, Que
nous avons prononcés devant Dieu,Et qui
nous unissent pour la vie,
Dans un amour pur et infini.

Le mariage est un jour béni,
Où l'on s'offre l'un à l'autre,
Et où l'on se promet de s'aimer,Et
de se chérir pour l'éternité.

Alors, que ce jour reste à jamais dans nos cœurs,Et
que notre amour grandisse chaque jour,
Pour que notre union reste solide et belle,
Et que notre mariage demeure pour toujours.

Poème chasseur

Je suis le chasseur, le roi de la forêt,
Le maître de la nature, le prédateur parfait,Je
suis rapide, agile et fort,
Et je sais comment traquer ma proie sans remords.

Je suis le chasseur, le gardien de l'équilibre,
Je suis celui qui maintient l'harmonie dans la vie,Je
respecte la nature et ses mystères,
Et je ne prends que ce dont j'ai besoin pour survivre.

Je suis le chasseur, le symbole de la liberté,
Je parcours les bois et les montagnes sans relâche,Je
suis seul face à la nature, sans peur ni faiblesse,

Et je suis fier de vivre dans cet environnement sauvage.

Je suis le chasseur, et pourtant je sais,
Que la nature est fragile et qu'il faut la préserver,Je
suis conscient de ma responsabilité,
Et je sais que je dois respecter l'équilibre de la vie.

Je suis le chasseur, mais je suis aussi humain, Et
je sais que je ne suis pas le seul à chasser, Je
respecte donc les autres animaux,
Et je ne les chasse que s'il le faut pour ma survie.

Je suis le chasseur, et je suis fier de l'être,
Je suis fier de maîtriser la nature et ses secrets,
Et je suis reconnaissant pour tout ce qu'elle m'offre,
Et je m'engage à la protéger pour les générations futures.

Poème enceinte

Dans mon ventre, une vie grandit,
Un petit être qui m'est chéri,
Je le sens bouger, je le sens vivre, Et
chaque instant est un pur délice.

Je suis enceinte, je suis épanouie,Je
suis fière de porter la vie,
Et je suis heureuse de sentir mon bébé,
Qui grandit chaque jour en moi.

Mon corps change, ma vie s'adapte,
Je suis plus sensible, plus fragile aussi,
Mais je sais que ce n'est que passager,
Et que bientôt tout redeviendra comme avant.

Je suis enceinte, je suis remplie de joie,
Je rêve de son sourire et de ses petits doigts,

Je l'imagine déjà, petit ange de mon cœur,
Et je sais que mon amour pour lui sera immense et pur.

Dans mon ventre, une vie grandit,
Un petit être qui m'est chéri,
Je suis enceinte, je suis comblée,
Et je suis prête à tout pour mon bébé.

Je lui promets de l'aimer plus que tout,
De le protéger et de le chérir jusqu'au bout,Je
lui promets une vie de bonheur,
Et je suis impatiente de voir son visage de petit cœur.

En attendant, je profite de chaque instant,
Je savoure chaque mouvement, chaque sentiment,Je
suis enceinte, je suis heureuse,
Et je suis prête à tout pour mon bébé, mon trésor précieux.

Poème pauvreté

La pauvreté est une maladie de l'âme,
Qui frappe sans prévenir, qui dévore tout sur son passage,Elle
est sournoise, elle est insidieuse,
Et elle laisse derrière elle des vies brisées, malheureuses.

La pauvreté est une épreuve difficile à endurer,
Qui met à rude épreuve le corps et l'esprit, Mais
malgré la douleur et la souffrance,
Il est possible de trouver de l'espoir et de la résilience.

La pauvreté est une maladie qui nous rappelle,
L'importance de l'empathie, de la compassion, De
tendre la main à ceux qui sont dans le besoin,

De ne pas les juger, mais de leur offrir de l'attention.

La pauvreté est un défi à relever,
Un combat pour la justice, pour l'égalité, pour la dignité,
Avec courage, avec solidarité, avec fraternité,
Pour que demain soit meilleur, pour que l'avenir soit plus léger.

La pauvreté est une maladie qui nous apprend,La
valeur de la solidarité, la force de l'entraide,
Et nous rappelle que chaque être humain mérite le respect,Et
que la pauvreté ne doit pas être une fatalité.

La pauvreté est une maladie qui fait mal,
Mais elle ne peut pas entamer notre humanité,Nous
sommes plus forts que cette maladie,
Et nous vaincrons ensemble, dans la solidarité.

Poème paysans

Les paysans sont les gardiens de la terre,
Les travailleurs de l'ombre, les héros de l'ombre,Ils
cultivent la terre avec amour, avec passion,
Et nous offrent les fruits de leur labeur avec générosité et dévotion.

Les paysans sont les artisans de la nature,
Les protecteurs des écosystèmes, les gardiens de la biodiversité,Ils
respectent la terre, les plantes, les animaux,
Et perpétuent ainsi les traditions et les savoir-faire ancestraux.

Les paysans sont les âmes de nos campagnes,
Les gardiens des traditions, les porteurs de l'histoire,Ils
transmettent de génération en génération,
Leurs savoirs, leurs techniques, leurs valeurs et leur passion.Les

paysans sont les artisans de la nourriture,

Les pourvoyeurs de la vie, les alliés de la santé,
Ils cultivent des aliments sains, nutritifs et savoureux,
Et nous offrent ainsi une alimentation de qualité, précieuse.

Les paysans sont les gardiens de l'humanité, Les
artisans de la paix, les vecteurs de l'équité,
Ils travaillent dur pour nous nourrir, pour nous protéger,
Et méritent ainsi toute notre gratitude, notre respect, notre considération.

Les paysans sont les héros de notre temps,
Les gardiens de notre avenir, les sentinelles de notre liberté,Ils
travaillent dur, avec courage, avec passion,
Et nous offrent ainsi la promesse d'un avenir meilleur, plus sain, plus durable.

Poème timidité

La timidité est un fardeau difficile à porter,
Qui pèse sur le cœur, qui entrave les pas,
Elle est sournoise, elle est insidieuse,
Et elle laisse derrière elle des vies brisées, malheureuses.

La timidité est une épreuve difficile à surmonter,
Qui met à rude épreuve l'estime de soi,
Mais malgré la douleur et la souffrance,
Il est possible de trouver de la force et de la confiance.

La timidité est un défi à relever,
Un combat pour la liberté, pour l'expression de soi,
Avec courage, avec détermination, avec patience,
Pour que demain soit meilleur, pour que l'avenir soit plus léger.

La timidité est une maladie qui nous rappelle,
L'importance de l'acceptation de soi, de la bienveillance,
De s'aimer pour ce que l'on est, de ne pas se juger,
Et de se rappeler que chaque être humain est unique et précieux.

La timidité est une maladie qui nous apprend,
La valeur de la patience, la force de la persévérance,
Et nous rappelle que chaque pas est un pas vers la liberté, Et
que la confiance en soi peut être cultivée avec régularité.

La timidité est une maladie qui fait mal,
Mais elle ne peut pas entamer notre humanité,Nous
sommes plus forts que cette maladie,
Et nous vaincrons ensemble, dans la bienveillance et la fierté.

Poème feministe

Je suis une femme, je suis un être humain,Et
je mérite le respect, la dignité, l'égalité,
Je suis capable, je suis forte, je suis compétente,
Et je mérite d'être reconnue pour mes talents, ma persévérance.

Je suis une femme, je suis libre de mes choix,De
mon corps, de ma sexualité, de ma vie,
Je ne suis pas un objet, je ne suis pas une marchandise,
Et je mérite d'être traitée avec respect, avec considération, avec empathie.

Je suis une femme, je suis une voix qui compte,
Une force qui peut changer le monde, qui peut faire la différence,Je
suis un pilier de la société, une source de créativité,
Et je mérite d'avoir accès aux mêmes opportunités, aux mêmes ressources quemes
homologues masculins.

Je suis une femme, je suis fière de mon identité, De
ma féminité, de ma diversité, de ma singularité,
Je ne suis pas inférieure, je ne suis pas faible, je ne suis pas soumise, Et je
mérite d'être célébrée pour ma force, ma résilience, mon courage.

Je suis une femme, je suis une guerrière,
Une combattante pour la justice, pour l'égalité, pour la liberté,

Je suis une féministe, une militante, une alliée,
Et je mérite d'être soutenue, encouragée, respectée dans ma lutte pour
l'émancipation de toutes les femmes.

Poème la guerre

La guerre, cette abomination,
Déchirant les terres, les nations, Elle
engloutit tout sur son passage,
Sans distinction d'âge ou de rangs, elle fait rage.

Les bombes explosent, les balles sifflent, Les
villes sont rasées, les familles déchirées,Les
enfants pleurent, les mères gémissent, Les
pères tombent, les frères s'effondrent.

La guerre, cette malédiction,
Détruisant tout sur son chemin,
Elle ne connaît ni frontière, ni religion,
Elle ne laisse derrière elle que mort et désolation.

Les soldats partent, les civils restent,
Les traumatismes persistent, les souvenirs hantent, Les
blessures sont profondes, les cicatrices éternelles,La
reconstruction est longue, les espoirs fragiles.

La guerre, cette folie destructrice,
Ne peut être justifiée par aucune cause,
Elle est la pire des violences, la plus perverse,
La paix est la seule solution, la seule issue honorable.

Alors que la guerre sévit encore,

Que la violence continue de faire souffrir,
N'oublions jamais que chaque vie compte,
Et que la paix est le plus grand des trésors à protéger sur cette terre.

Poème la religion

La religion, mystère de l'humanité,
Source de foi, de croyances et de vérité,
Elle guide les âmes en quête de sens,
Et apporte réconfort et espérance aux cœurs souffrants.

Les temples, les églises, les mosquées,
Symboles de la foi, lieux de prière et de paix,
Où les fidèles se rassemblent pour célébrer,
Et trouver la force d'affronter les difficultés.

La religion, riche de traditions et d'histoires,
Porte en elle les enseignements des sages et des martyrs,Elle
inspire les artistes, les poètes, les écrivains,
Et nourrit l'esprit humain de sagesse et de discernement.

Pourtant, la religion peut aussi diviser,
Opposer les croyances, les cultures, les identités, Elle
peut devenir source de conflits et de violences,
Et semer le chaos dans les esprits et les consciences.

La religion, comme tout ce qui est humain,
Est porteuse de lumière et d'ombre, de bien et de mal,
Elle dépend de l'usage que l'on en fait,
Et de la manière dont on choisit de la pratiquer.

Que chacun puisse trouver dans la religion,
Un chemin de paix, de tolérance et de compassion,
Que nous puissions respecter les choix de chacun, Et
vivre ensemble dans le respect et l'harmonie.

Poème rêveur

Je rêve d'un monde plein de poésie,
Où les mots dansent comme des mélodies,
Où les couleurs éclatent comme des feux d'artifice,Et
où chaque instant est un cadeau de la vie.

Je rêve d'un monde où règne la douceur, Où
les sourires sont des rayons de chaleur,
Où les caresses sont des gestes de tendresse,Et
où l'amour est la plus grande richesse.

Je rêve d'un monde où la nature est reine,
Où les arbres sont des cathédrales de verdure,Où
les fleurs sont des éclats de bonheur,
Et où les animaux sont des messagers de l'âme.

Je rêve d'un monde où l'art est partout, Où
les musées sont des palais de beauté,
Où les théâtres sont des temples de passion,Et
où les livres sont des portes vers l'infini.

Je rêve d'un monde où l'humain est roi,
Où la sagesse est une source de joie, Où
la liberté est une valeur sacrée,
Et où la fraternité est une règle d'or.

Je rêve d'un monde où nous serons tous unis, Où
nos différences seront des richesses infinies,Où
nous avancerons main dans la main,
Vers un avenir de paix et de bonheur certain.

Poème sourire

Un sourire, c'est un rayon de soleil,
Qui illumine le ciel même le plus vermeil,
C'est une promesse de bonheur et de joie,Un
baume qui apaise les cœurs en émoi.

Un sourire, c'est un geste simple et beau,Qui
fait fondre les cœurs les plus froids, C'est une
invitation à la tendresse,
Un message d'amour qui se glisse en caresse.

Un sourire, c'est un langage universel,
Qui se comprend sans besoin de parler,
C'est une preuve d'humanité et de générosité,Un
symbole de fraternité et de solidarité.

Un sourire, c'est un don que l'on peut offrir,
Sans compter, sans attendre de recevoir,
C'est une source de bonheur infini,
Qui se multiplie à l'infini sans jamais se voir.

Alors souriez, mes amis, souriez,
Offrez votre plus beau sourire à l'humanité,Et
laissez-le rayonner comme un soleil,
Pour illuminer le monde et faire briller les étoiles.

Poème lune

La lune, astre mystérieux et fascinant,
Qui dans le ciel nocturne brille en éclatant,
Elle éclaire la nuit de sa douce lumière,
Et attire les regards de tous les passants.

La lune, reine des marées et des océans, Elle
tire les eaux avec une force puissante, Et
rythme les cycles de la nature et du temps,
Dans un mouvement perpétuel et envoûtant.

La lune, symbole de rêve et de poésie,
Elle inspire les artistes, les écrivains, les musiciens,Et
nourrit l'âme humaine de sa belle énergie,
Dans un élan de créativité sans fin.

La lune, gardienne des secrets et des mystères, Elle
recèle en son sein des trésors insoupçonnés,Et
invite les rêveurs à imaginer l'impossible,
Dans un monde où tout est encore à inventer.

La lune, témoin silencieux de nos vies,
Elle observe nos joies, nos peines, nos espoirs,Et
nous guide sur le chemin de l'harmonie, Vers un
avenir où tout sera enfin en équilibre.

Alors levons les yeux vers la lune,
Et laissons-nous bercer par sa douce mélodie,Pour
retrouver notre âme d'enfant,
Et redevenir libres et heureux comme avant.

Poème extraterrestre

Dans l'immensité de l'univers sans fin,
Des mondes inconnus se cachent dans le lointain,
Peut-être peuplés d'êtres étranges et mystérieux,
Qui n'ont jamais vu la lumière de nos cieux.

Sont-ils faits de chair et de sang comme nous,

Ou bien sont-ils des êtres de lumière, si doux,
Peut-être ont-ils des antennes, des tentacules ou des ailes,Et
vivent-ils en harmonie, loin des guerres et des querelles.

Peut-être nous observent-ils depuis des millénaires,Et
nous étudient-ils avec un intérêt singulier,
Peut-être attendent-ils le moment de se révéler,
Ou bien préfèrent-ils rester dans l'ombre, sans se dévoiler.

Mais si nous pouvions un jour les rencontrer, Que
dirions-nous à ces êtres venus d'ailleurs,
Leur parlerions-nous de nos rêves et de nos espoirs,
Ou bien chercherions-nous à comprendre leur langue et leurs histoires.

Peut-être qu'ils nous apporteraient des réponses,
À toutes les questions qui nous taraudent depuis des siècles,
Peut-être qu'ils nous montreraient des merveilles,
Que nous n'avons jamais osé imaginer dans nos rêves les plus fous.

Alors, gardons notre esprit ouvert à toutes les possibilités,Et
laissons-nous porter par notre curiosité,
Peut-être qu'un jour, nous découvrirons
ensemble,Les secrets de l'univers, dans une
danse éternelle.

Table des matières

Poème sur la vie 1
Poèmes sur les confidences 2
Poèmes sur l amitié 4
Poème d amour a une femme 6
Poème a un homme 7
Poème pour une maman 9
Poème pour un père 10
Poème de noel 12
Poème de pâque 13
Poème de dauphin 14
Poème chat 15
Poème chien 17
Poème oiseaux 19
Poème sur le coq 21
Poème ane 22
Poème lion 24
Poème sur l arbre 26
Poème sur la nature 28
Poème mer 30
Poème amour 32
Poème sur la mort 34
Poème de rupture 36
Poème de réconciliation 37
Poème voyou 38
Poème voleurs 40
Poème danger 42
Poème gourmand 44
Poème sur la prison 46
Poème sur l armée 48
Poème sur les animaux 50
Poème sur la tristesse 52
Poème sur la gaité 53
Poème sur l aviation 54
Poèmes sur le soleil 56

Poèmes sur les gendarmes 58
Poèmes sur les pompiers 60
Poème sur les médecins 62
Poème sur les femmes de menages 64
Poèmes sur la sagesse 66
Poème sur le mensonge 68
Poème sur l argent 69
Poème sur la terre 70
Poème sur la jalousie 71
Poème sur la fidélité 72
Poème jalousie 73
Poème hypocrite 74
Poeme Premier mai 75
Poème mariage 76
Poème chasseur 77
Poème enceinte 78
Poème pauvreté 79
Poème paysans 80
Poème timidité 81
Poème feministe 82
Poème la guerre 83
Poème la religion 84
Poème rêveur 85
Poème sourire 86
Poème lune 87
Poème extraterrestre 88

Printed by Books on Demand GmbH, Norderstedt / Germany